BEI GRIN MACHT SICH IHR WISSEN BEZAHLT

- Wir veröffentlichen Ihre Hausarbeit,
  Bachelor- und Masterarbeit

- Ihr eigenes eBook und Buch -
  weltweit in allen wichtigen Shops

- Verdienen Sie an jedem Verkauf

Jetzt bei www.GRIN.com hochladen und kostenlos publizieren

AF131218

Bibliografische Information der Deutschen Nationalbibliothek:

Die Deutsche Bibliothek verzeichnet diese Publikation in der Deutschen National-bibliografie; detaillierte bibliografische Daten sind im Internet über http://dnb.d-nb.de/ abrufbar.

Impressum:

Copyright © 2015 GRIN Verlag, Open Publishing GmbH
Druck und Bindung: Books on Demand GmbH, Norderstedt Germany
ISBN: 9783668332614

Dieses Buch bei GRIN:

http://www.grin.com/de/e-book/343248/pierre-anthon-der-protagonist-des-jugendromans-nichts-ein-philosophischer

Leah Bardehle

Pierre Anthon, der Protagonist des Jugendromans "Nichts". Ein philosophischer Aufklärer und freier Mensch im Sinne Sartres?

GRIN Verlag

GRIN - Your knowledge has value

Der GRIN Verlag publiziert seit 1998 wissenschaftliche Arbeiten von Studenten, Hochschullehrern und anderen Akademikern als eBook und gedrucktes Buch. Die Verlagswebsite www.grin.com ist die ideale Plattform zur Veröffentlichung von Hausarbeiten, Abschlussarbeiten, wissenschaftlichen Aufsätzen, Dissertationen und Fachbüchern.

Besuchen Sie uns im Internet:

http://www.grin.com/

http://www.facebook.com/grincom

http://www.twitter.com/grin_com

23.11.2015

Pierre Anthon, der Protagonist des Jugendromans „Nichts" – ein philosophischer Aufklärer und freier Mensch im Sinne Sartres?

Deutsch D21, Q2

Leah Bardehle
STIFTSGYMNASIUM XANTEN

Inhaltsverzeichnis

Einleitung

Den Jugendroman „Nichts - Was im Leben wichtig ist" von Janne Teller [1] habe ich privat gelesen und er hat mich auf eine andere Art und Weise beschäftigt, als die Romane, die ich sonst in meiner Freizeit lese. Es ist kein Buch, das ich sofort geliebt habe, sondern eher eine Lektüre, die ich aus unterschiedlichen Gründen schockierend und faszinierend zugleich fand.

Diese ambivalenten Gefühle wurden durch die Figuren der Handlung ausgelöst. Insbesondere der Protagonist der Handlung, Pierre Anthon, zeigt eine Lebenseinstellung, die ich in dieser Konsequenz noch bei keinem Jugendlichen angetroffen habe und die mich zum Nachdenken über meine eigene Weltdeutung angeregt hat.

Aus diesen Gründen habe ich mich entschieden, ihn als literarische Figur in meiner Facharbeit **Pierre Anthon, der Protagonist des Jugendromans „Nichts" – ein philosophischer Aufklärer und freier Mensch im Sinne Sartres** näher zu analysieren. Das bedeutet gleichzeitig, dass die übrigen Jugendlichen, die in dem Roman seine Gegenspieler (Antagonisten) sind, nicht oder nur themengebunden Gegenstand der Untersuchung sein werden.

Die Entscheidung Pierre Anthons, ein komplett anderes Leben als seine soziale Umwelt zu führen, trifft er aus freien Stücken und provoziert damit insbesondere seine gleichaltrigen Mitschüler. Die Schüler besuchen alle die siebte Klasse und sind damit 12-13 Jahre alt und befinden sich in der Pubertät. Inwiefern Pierre Anthon ein typisches Verhalten eines Jugendlichen zeigt, soll auf der Basis entwicklungspsychologischer Modelle erarbeitet werden. Gleichzeitig soll seine Figur auf dem philosophischen Hintergrund Sartres, der sich mit dem Begriff der Freiheit auseinandersetzt, beleuchtet werden. Aus seinem Verständnis von Freiheit formuliert Sartre seine Forderung der Aufklärung an Philosophen. Inwieweit Pierre Anthon diesen Punkten (Aufklärer, freier Mensch) im Sinne Sartres entspricht, soll durch einen Vergleich von Sartres Philosophie und Pierre Anthons Denken und Handeln aufgezeigt werden. Weitere Philosophen, die sich mit dem Begriff der Freiheit auseinandergesetzt haben sowie das literarische Werk Sartres fließen in die Bearbeitung nicht ein.

---

[1] J. Teller. „Nichts. Was im Leben wichtig ist"(2000), München, Carl Hansen Verlag, 2010.

1. Das Jugendbuch - eine Gattung zur literarischen Sozialisation Jugendlicher

Die Bezeichnung dieser Gattung macht schon deutlich, wer die Zielgruppe ist. „Unter Jugendbuch werden alle Bücher zusammengefasst, die für heranwachsende Jungen und Mädchen ab dem ca. 12. Lebensjahr konzipiert sind." [2]Das Jugendalter reicht bis in die Adoleszenz und umfasst somit eine Altersbandbreite von 12 bis ca. 18 Jahren.[3] Dementsprechend breit sind die Themengebiete gefasst. Allgemein beschäftigen sich Jugendbücher mit der konkreten Lebenssituation der Zielgruppe, aber ebenso mit fantastischen Geschichten (z.B. Harry Potter, Herr der Ringe etc.). Der Roman „Nichts – Was im Leben wichtig ist" ist allerdings nicht der fantastischen Literatur zuzuordnen, sondern bezieht sich mit seiner Handlung auf eine mögliche aktuelle Lebenssituation von Jugendlichen. Dieses Genre möchte in erster Linie Hilfe und Identifikationsfiguren zur Bewältigung der momentanen Lebenssituation anbieten. Unterteilt wird das Jugendbuch in der Theorie in unterschiedliche Kategorien, von denen hier nur die beiden vorgestellt werden, die für den Jugendroman „Nichts" zutreffend sind:

1.1 Das problemorientierte Jugendbuch

Die Themenbereiche des problemorientierten Jugendbuches sind vielfältig. Exemplarisch werden hier nur die genannt, die den gewählten Jugendroman betreffen: Freundschaft, Sexualität, eigene Identität, Reifungsprozess, Erwachsenwerden, Ablösung und Krise, Außenseiter, Gewalt, Kriminalität, Kultur, Religion, Schule. In dieser Listung wird deutlich, wie Jugendliche und ihre Kompetenzen, Probleme zu erfassen und auf ihr Leben zu übertragen, eingeschätzt werden. Jugendliche werden in diesem Sinne als kompetente Leser / Menschen aufgefasst, die in der Lage sind, Probleme zu begreifen und für diese Lösungen zu finden und somit Mitverantwortung für unsere Gesellschaft zu übernehmen. „Das problemorientierte Jugendbuch befasst sich mit den Zuständen innerhalb der Gesellschaft und versucht Missstände und Widersprüche aufzudecken." [4]

1.2 Das entwicklungsorientierte Jugendbuch

Entwicklungsorientierte Jugendbücher fokussieren thematisch und inhaltlich die Entwicklungsaufgaben, die Jugendliche zu meistern haben, aber ebenso die Probleme und Irritationen, die diese Entwicklung begleiten.[5] (Auf die Entwicklungsaufgaben Jugendlicher wird an anderer Stelle ausführlicher eingegangen vgl.3.2)

Die Zuordnung in diese Kategorie macht auch die Begründung der Jugendjury des Deutschen Jugendliteraturpreises deutlich, für den der Roman „Nichts" im Jahr 2011 nominiert war:

„In ihrem Roman „Nichts" schreibt Janne Teller sehr eindringlich und erschreckend, welch gefährlicher Dynamik eine Gruppe von Siebtklässlern unterliegen kann. Sie stellen eine

---

[2] Fürst, Helbig, Schmitt, Kinder- und Jugendliteratur. Theorie und Praxis, Troisdorf, Bildungsverlag EINS, 2008, S. 180.
[3] Ohne Angabe d. Verf.: Entwicklungsaufgaben nach Havighurst auf:URL:http://www.bommi2000.de – Unterrichtshilfe zur Pädagogik, S. 65.
[4] Fürst, Helbig, Schmitt, a.a.O., S. 181.
[5] Vgl. ebd. S, 183.

existentielle Frage: „Was hat Bedeutung im Leben?" Die Antworten der Personen im Buch sind teilweise verständlich und teilweise unbegreiflich. So unbegreiflich, dass dem Leser an manchen Stellen die Luft wegbleibt....."[6]

Für diese Facharbeit stelle ich mir daher auch die Frage, ob dieses Jugendbuch den unter Punkt 1 bis Punkt 1.2 ausgeführten Kriterien und Zielsetzungen eines Jugendbuches gerecht wird. Dies gilt insbesondere für den Punkt „Hilfe und Identifikationsfiguren zur Bewältigung der momentanen Lebenssituation anbieten" und inwiefern Pierre Anthon dieser Erwartung an einen Protagonisten im Jugendbuch gerecht wird. Vernetzt werden soll die Beantwortung dieser Frage mit dem thematischen Schwerpunk der Facharbeit, ob Pierre Anthon ein aufklärerischer Philosoph (im Sinne Sartres) ist. Leistet seine Figur einen Beitrag für die kritische Auseinandersetzung Jugendlicher mit vorgegebenen Weltdeutungen, um einen eigenen überzeugten Standpunkt für die eigene Lebensführung und Weltsicht zu gewinnen?

2. Erzählsystem und Handlung des Romans „Nichts – Was im Leben wichtig ist.

Die Handlung des Romans „Nichts" spielt in einem fiktiven Ort, in Taering, einem dänischen Vorort einer mittelgroßen Provinzstadt" [7] und wird rückblickend aus der Perspektive der Ich-Erzählerin Agnes geschildert. Dass es sich um einen Rückblick handelt, wird dem Leser allerdings erst am Ende des Romans deutlich. [8] Die Erzählerin Agnes ist somit erinnerndes, erlebendes und erzählendes Ich.

Agnes ist Schülerin der Klasse 7A. Direkt am ersten Tag nach den Sommerferien verlässt ihr Mitschüler Pierre Anthon mit den Worten

> *„Nichts bedeutet irgendetwas,*
> *das weiß ich seit Langem.*
> *Deshalb lohnt es sich nicht, irgendetwas zu tun.*
> *Das habe ich gerade herausgefunden."[9]*

die Klasse und die Schule für immer, um von nun an auf einem Pflaumenbaum zu sitzen und seine Mitschüler, die täglich auf dem Weg zur Schule an ihm vorbeikommen mit seinen Sprüchen zur Weltdeutung zu provozieren. In dieser Figurenkonstellation wird deutlich, dass es sich um Protagonist und Antagonisten handelt. Die räumliche Position (Pflaumenbaum) macht deutlich, dass es sich bei Pierre Anthon um eine besondere Figur handelt, die außerhalb des Geschehens steht und damit gleichzeitig eine gewisse Distanz und den Überblick dazu halten kann.

---

[6] Nominierung Jugendbuch Nichts
2011.URL:http://www.djlp.**jugendliteratur.org**/2011/preis_der_jugendjury-5/artikel-nichts-113.htm.
[7] J. Teller, a.a.O., S. 10.
[8] Ebd., S. 140.
[9] Ebd. S. 7.

Seine Mitschüler fühlen sich durch sein Verhalten provoziert, da er ihr bisheriges und auch ihr zukünftiges Leben mit seinen Aussagen in Frage stellt. Daher wollen sie ihm beweisen, dass es sehr wohl etwas gebe, für das es sich zu leben lohnt, das Bedeutung hat. Eine Mitschülerin, Sofie, kommt auf die Idee, in einem stillgelegten Sägewerk am Rande der Stadt Gegenstände mit Bedeutung zu sammeln. Zunächst sammeln die Schüler Gegenstände von Fremden, gehen aber schon bald dazu über, persönliche Gegenstände an diesem Ort abzulegen. Von nun an gilt, dass derjenige, der etwas auf dem „Berg der Bedeutung" [10] ablegt, bestimmen darf, was und wer als Nächster aus der Gruppe etwas von Bedeutung abgeben muss. Von nun eskaliert die Gewalt unter den Jugendlichen, da die Forderungen immer weiter ausufern. Wurden am Anfang der Sinnsuche Fotografien abgelegt, so handelt es sich im weiteren Verlauf der Handlung zunehmend um persönliche Opfer, die gefordert werden. Eine Mitschülerin soll ihre Unschuld für den Berg hergeben und als ein Junge, der gerne Gitarre spielt, aufgefordert wird, seinen rechten Zeigefinger als Beweis dafür, dass es Bedeutung gibt, herzugeben, gelangt das jugendliche Experiment an die Öffentlichkeit. Der verletzte Junge informiert seine Eltern über die Ereignisse im Sägewerk. Eltern, Justiz und Presse sind schockiert und reagieren auf ihre Weise – Hilflosigkeit, Sanktionen, Berichterstattung. Durch die Medien erfährt auch die Weltöffentlichkeit von den Vorfällen in dem kleinen dänischen Vorort und ein New Yorker Museum will den Berg der Bedeutung sogar für dreieinhalb Millionen Dollar kaufen, da er als Kunstobjekt eingestuft wird. Das breite Weltinteresse sorgt dafür, dass die Gruppenmitglieder der Klasse 7A glauben, die Bedeutung gefunden zu haben. Doch dann erschüttert Pierre Anthon diese Zuversicht erneut. [11] Zweifel an der Bedeutung im Allgemeinen und für das eigene Leben machen sich erneut, wie zu Beginn der Handlung, bei den Jugendlichen breit. Zeitgleich geht das Medieninteresse der Weltöffentlichkeit zurück und Pierre Anthon bringt die Verunsicherung der Jugendlichen auf den Punkt, wenn er sagt:

„ *Bedeutung ist Bedeutung. Wenn ihr also wirklich die Bedeutung gefunden habt, hättet ihr sie noch immer. Und die Medien aus aller Welt wären noch immer hier, um herauszufinden, was ihr da gefunden habt. Aber sie sind nicht mehr hier. Was ihr also gefunden haben mögt, die Bedeutung war es nicht, denn die existiert ja gar nicht.*"[12]

Die einzige, die dieser allgemeinen Verunsicherung standhält, ist Sofie. Allerdings nur bis zu dem Zeitpunkt, als Pierre Anthon sie mit der Aussage konfrontiert, dass der Berg niemals Bedeutung besessen haben könne, da sie ihn sonst nicht verkauft hätten. [13] Von diesem Moment zerbricht Sofie – sie wird wahnsinnig. Kurz bevor der Berg der Bedeutung von dem Museum abgeholt werden soll, greift sie ihre Mitschüler an und es kommt zu einer Prügelei unter den Jugendlichen. Die Ich-Erzählerin Agnes weiß sich nicht anders zu helfen und bittet Pierre Anthon, zum Sägewerk zu kommen. Er verlässt zum ersten Mal seit seinem Aufbruch aus der Schule seinen Pflaumenbaum. Als er im Sägewerk den Berg der Bedeutung

---

[10] Ebd., S. 27.
[11] Vgl. ebd. S. 115f..
[12] Ebd. S. 120.
[13] Vgl. ebd. S. 124.

sieht, provoziert er seine Mitschüler erneut, indem er sie mit Fragen konfrontiert, die ihre Abgaben an den Berg als sinnlos erscheinen lassen. Zum Schluss dreht er ihnen den Rücken zu und will gehen. Doch das erweist sich als Fehler, da die Gruppe angeführt von Sofie sich auf ihn stürzt und ihn brutal zusammenschlägt. Verletzt lassen sie ihn dort liegen und in dieser Nacht brennt das Sägewerk ab. In diesem Feuer kommt Pierre Anthon ums Leben. Es bleibt offen, wie es zu dem Brand im Sägewerk kam. Nach Pierre Anthons Beerdigung versammelt sich die Klasse 7A ein letztes Mal im Sägewerk. Alle sammeln wortlos Asche als Erinnerungssymbol ein. Danach sehen sich die Schüler nie wieder.

Der Roman endet mit dem Kommentar von der Ich-Erzählerin Agnes, der deutlich macht, dass diese Ereignisse sich bereits vor acht Jahren abgespielt haben, aber sie immer noch berühren und innerlich bewegen.

> *„Das ist acht Jahre her.*
> *Und ich habe immer noch die Streichholzschachtel mit der Asche vom Sägewerk und dem Berg der Bedeutung.*
> *Dann und wann hole ich sie vor und schaue sie an. Und wenn ich vorsichtig die abgenutzte Pappschachtel öffne und auf die graue Asche blicke, bekomme ich dieses merkwürdige Gefühl im Bauch. Und selbst wenn ich nicht erklären kann, was das ist, weiß ich doch, dass es etwas ist, was Bedeutung hat. Und ich weiß, dass man mit der Bedeutung nicht spaßen soll.*
> *Nicht wahr. Pierre Anthon? Nicht wahr?!"*[14]

Auf die nähere Beschreibung des Raumes Taering sowie des Sägewerkes gehe ich nicht weiter ein. Erwähnt werden soll jedoch, dass gerade diese beiden Orte eine nicht unerhebliche Bedeutung für die jugendliche Sinnsuche haben. Taerings Provinz steht stellvertretend für provinzielles Denken, von dem sich die Jugendlichen abgrenzen wollen. Das Sägewerk gleicht einer Insel, einem von Erwachsenen unbeobachteten Raum, in dem sich die Jugendlichen nach ihren eigenen Gesetzen verhalten können.

3. Charakterisierung Pierre Anthons unter besonderer Berücksichtigung entwicklungspsychologischer Aspekte

Der Roman beginnt mit dem Leitmotiv der Sinnlosigkeit des Lebens. [15] Zunächst weiß der Leser allerdings nicht, was es mit diesem Zitat auf sich hat. Erst auf der folgenden Seite erfährt er, dass dieser Satz „Nichts bedeutet irgendetwas, das weiß ich seit Langem. Deshalb lohnt es sich nicht, irgendetwas zu tun. Das habe ich gerade herausgefunden." [16] dem Protagonisten der Handlung, Pierre Anthon, zuzuordnen ist. Seiner Erkenntnis lässt er Taten folgen und verlässt die Schule. Daran wird deutlich, dass er ein konsequenter Mensch ist, der Denken und Handeln für sich in Einklang bringen will. Bemerkenswert an seiner Aussage sind nicht nur der Inhalt, sondern auch die Formulierungen „das weiß ich seit Langem"

---

[14] Ebd. S. 140.
[15] Vgl. ebd., S. 7.
[16] Ebd.

und „Das habe ich gerade herausgefunden". Zunächst erscheinen diese beiden Aussagen wie ein innerer Widerspruch, da der Leser sich fragt, warum Pierre Anthon sich dann erst jetzt zum Aufbruch entscheidet, wenn er doch schon lange um die Sinnlosigkeit des Daseins weiß. Gleichzeitig wird deutlich, dass es sich bei ihm um eine Figur handelt, die sich intensiv gedanklich mit dem Leben, der Welt und deren tieferen Sinn auseinandersetzt. Wenig später erfährt der Leser das Alter von Pierre Anthon. Er besucht die siebte Klasse und muss somit 12-13 Jahre alt sein.

3.1 Pierre Anthons kognitive und moralische Entwicklung nach Piaget

Nach Piagets Theorie der kognitiven Entwicklung hat Pierre Anthon die höchste Stufe des logischen Denkens erreicht. Piaget bezeichnet diese Stufe als die „Stufe der formalen Operation", die Jugendliche mit ca. 11/12 Jahren erreicht haben. Zentrales Kennzeichen dieser Stufe ist, dass „Denkoperationen [...] mit abstrakten, nicht mehr konkret vorstellbaren Inhalten durchgeführt werden /können". [17] Nun erschließt sich auch der vermeintliche innere Widerspruch seiner Aussage. Pierre Anthon hat eine kognitive Entwicklung durchlaufen, die sich in diesem Zitat spiegelt. Er hat sich eine persönliche Hypothese zur Weltdeutung gebildet. Seine Erfahrungen mit der Umwelt und deren Erwartungen an ihn hat er theoretisch analysiert und ist für sich zu einem Ergebnis gekommen. Er möchte dieser Erwartung, dass aus ihm etwas werden soll [18], nicht entsprechen. Seine Gegenwart und Zukunft soll nicht von den Lebenskonzepten der Erwachsenen bestimmt werden.

Laut Piagets Modell der moralischen Entwicklung, das aus drei Stadien besteht, befindet sich Pierre Anthon in dem letzten Stadium der autonomen Moral (ab 11-12 Jahren). Danach haben Kinder / Jugendliche ein Verständnis dafür entwickelt, dass Regeln „als Ergebnis sozialer Interaktion veränderbar sind"[19]. Dementsprechend wird Moral – in dem Sinne, was gut / richtig bzw. böse / falsch ist unabhängig von Autoritäten beurteilt. Vielmehr ist nun die Absicht der handelnden Person bei moralischen Entscheidungen ausschlaggebend für die Beurteilung von richtig und falsch. Laut Piaget erfolgt die Entwicklung im moralischen Denken durch die zunehmende Fähigkeit zur Perspektivübernahme. Hier wird deutlich, dass die kognitive und die moralische Entwicklung eng miteinander verbunden sind. Allerdings ist fraglich, inwiefern Pierre Anthon wirkliche Empathie insbesondere für seine Mitschüler im Romangeschehen zeigt. Es wird an nahezu keiner Stelle der Handlung deutlich, dass er die Fähigkeit besitzt, eine eigene emotionale Reaktion herzustellen, die der Gefühlslage einer anderen Person des Geschehens ähnelt. Vielmehr bleibt er sich treu (statischer Charakter) und provoziert seine Mitschüler bis zum Schluss mit seinem nihilistischen Gedankengut. Lediglich zum Ende des Romans zeigt er überhaupt eine emotionale Regung, als er den Berg der Bedeutung im Sägewerk sieht.

---

[17]Stangl, Taller, URL:http://arbeitsblaetter.stangl-taller.atKOGNITIVEENTWICKLUNG/PiagetmodellStufen.sht (13.09.2015)
[18] Vgl. J. Teller, a.a.O., S, 9.
[19] Moralentwicklung Handout (01.02.2011)– http://www.psy.lmu.de/epp/studium_lehre/lehrmaterial-SS10.

„Ihr seid ein solcher Haufen Idioten!", rief er, schüttelte den Kopf und ging ein Stück vor. „Wenn nichts irgendetwas bedeutet, gibt es nichts, um darauf wütend zu sein! Und wenn es nichts gibt, um darauf wütend zu sein, gibt es auch nichts, um sich deshalb zu prügeln!"[20] Verachtung, Hohn und Wut schleudert er seinen Mitschülern entgegen und nimmt ihnen jeglichen Lebenssinn als er sagt: „Wenn das da wirklich etwas bedeutet hat, dann hättet ihr das doch wohl nicht verkauft?" [...] „Pierre Anthon hatte gewonnen."[21]

Empathie sieht anders aus. Weder Einfühlungsvermögen noch Anteilnahme und / oder Sorge um seine Mitschüler werden sichtbar. Die Absicht der Klasse 7A war es, Pierre Anthon zu überzeugen, dass es Bedeutung gibt. Insofern war ihr Handeln trotz zahlreicher Überschreitungen gängiger Regeln und Werte für sie moralisch vertretbar, da es um das übergeordnete Ziel „Sinnsuche" ging.[22] Pierre Anthon kann und / oder will sich jedoch nicht soweit in sie hineinversetzen. Offen bleibt, ob er seine Mitschüler bewusst oder unbewusst mit seinen Worten verletzen will. Jedoch verstößt Pierre Anthon mit diesem Verhalten für mich gegen ein Kriterium der (reifen) Moral nach Piaget. Diese zeichnet sich u.a. dadurch aus, dass eigene Bedürfnisse und Interessen gegenüber anderen auf der Basis einer gegenseitigen Verantwortung zurückgestellt werden und dass man einem anderen hilft oder ihm nicht schadet.[23] Er schadet ihnen, da er ihren Berg der Bedeutung als Sinnprojekt missachtet und damit einen Teil ihrer Identität. Er verkennt den „existentiellen Ernst der Lage. Er macht sich über die Sinnzuschreibungen seiner Mitschüler/innen lustig; und weil sie ihm glauben, töten sie ihn. Sie können es nicht ertragen, dass ihr Projekt in den Augen Pierre Anthons sinnlos sein soll."[24]

3.2 Entwicklungsaufgaben Jugendlicher nach Havighurst in der Adoleszenz (12-18 Jahre)

Als Jugendlicher grenzt Pierre Anthon sich von dem Denken und Handeln der Erwachsenen ab. Dies ist typisch für Jugendliche in der Pubertät, die in dieser Phase bestimmte Entwicklungsaufgaben zu meistern haben. Havighurst nennt für das Alter von 12-18 Jahren acht Entwicklungsaufgaben.[25]Ich gehe im Folgenden bezogen auf die literarische Figur des Pierre Anthons auf vier Entwicklungsaufgaben nach Havighurst ein.

---

[20] J. Teller, a.a.O., S. 131.
[21] Ebd., S. 133.
[22] Auf die Ursachen der Entstehung von Gewalt gehe ich an dieser Stelle nicht ein, da dies den thematischen Schwerpunkt der Facharbeit sprengen würde.
[23]Stangl.: URL:http://arbeitsblaetter.stangl-taller.at/MORALISCHEENTWICKLUNG/ (13.09.2015)
[24] N. Brieden Janne Tellers Roman „Nichts": Theologische und religionspädagogische Perspektiven. URL:http://www.relgion-im-kinderbuch.de/fileadmin/...zu_Janne_Teller_Nichts.pdf. S.8.
[25] URL:http://www.bommi2000.de – Unterrichtshilfe zur Pädagogik, S. 65 „Entwicklungsaufgaben nach Havighurst"

a) Emotionale Unabhängigkeit von den Eltern und den anderen Erwachsenen

Pierre Anthon ist auf jeden Fall ein Jugendlicher, der sich bewusst gegen die Werte und Normen der Erwachsenen stellt. Er ist der einzige Jugendliche, der gegen die vermeintlich heile Welt in Taering rebelliert und aus dem tradierten Sinnkonzept aussteigt. Da der Leser an keiner Stelle etwas über die Motive für sein Handeln erfährt, kann ich hier nur Vermutungen äußern. Auffällig ist sein familiärer Hintergrund im Vergleich zu den übrigen Jugendlichen. Während alle anderen in scheinbar traditionellen Familien aufwachsen, lebt Pierre Anthon mit seinem Vater in einer Kommune.[26] Dieses alternative Lebensmodell kann eine Erklärung dafür sein, dass er die Welt kritisch hinterfragt und Bestehendes auf seine Tragfähigkeit für sein eigenes Leben überprüft (Parallele zu Sartres Biographie).

b) Vorbereitung auf eine berufliche Karriere

Das Romangeschehen erstreckt sich über den Zeitraum eines Schuljahres, nämlich des siebten. Mit seinen ca. 13 Jahren zeigt Pierre Anthon in dieser Zeit eine Haltung, die die Sinnhaftigkeit einer beruflichen Karriere absolut in Frage stellt. Konsequenterweise verlässt er daraufhin auch die Schule, die als System sicherlich eine wichtige Rolle in der Vorbereitung für den Beruf spielt.

c) Werte und ein ethisches System erlangen, das als Leitfaden für das Verhalten dient (Ideologie entwickeln)

Diese Entwicklungsaufgabe nach Havighurst ist letztendlich auslösendes Moment für die Handlung des Romans. Pierre Anthon hinterfragt die Werte und das ethische System seiner Umgebung. Seine Ideologie gleicht dem Nihilismus und / oder Existenzialismus.[27]

d) Sozial verantwortliches Verhalten erstreben und erreichen

Auch wenn die Entwicklungsaufgaben nach Havighurst nicht hierarchisch geordnet sind, so wird in dieser von ihm zuletzt genannten deutlich, was Entwicklung im Jugendalter meint bzw. was das Ziel dieser ist. Es geht darum, Verantwortung für ein soziales System zu übernehmen und somit ein vollwertiges Mitglied der Gesellschaft zu werden. Die Jugendphase ist somit der Übergang vom Kind zum Erwachsenen, der nicht abrupt erfolgt, sondern einen gewissen Zeitrahmen beansprucht[28]

Pierre Anthon spiegelt in seinem Verhalten und Denken vordergründig Ablehnung von sozialer Verantwortung, da ihm alles sinnlos erscheint. Gleichzeitig provoziert er mit diesem Handeln und leistet somit einen Beitrag dazu, das bestehende soziale System zu reflektieren. Veränderungen und Innovationen basieren auf diesem Reflexionsprozess. Jugendliche haben in Gesellschaften häufig die Funktion, zu rebellieren, um so Veränderungsprozesse anzustreben[29]. Diese Entwicklungsaufgabe knüpft auch an meiner eingangs formulierten Fragestellung

---

[26] Vgl. J. Teller, a.a.O.,. S. 18.
[27] Auf diesen Punkt gehe ich noch näher unter Punkt 4 ein.
[28] Stangl: URL: http://stangl.eu/psychologie/entwicklung/Moralische-Entwicklung.shtml (16.09.2015)
[29] Ebd.

(vgl. 1.3) an, inwieweit Pierre Anthon als Identifikationsfigur zur Bewältigung der momentanen Lebenssituation für jugendliche Leser taugt. Die Beantwortung auch dieser Frage erfolgt in meinem Fazit (vgl. 5)

Für sämtliche hier genannten Entwicklungsaufgaben lässt sich festhalten, dass Pierre Anthon mit seinen ca. 13 Jahren am Anfang der Entwicklung steht. Da er schon in diesem jungen Alter stirbt, erübrigt sich die Frage, inwieweit er einzelne Aufgaben bereits bewältigt hat.

4. Der philosophische Hintergrund des Romans - Vergleich Sartres Philosophie des Existentialismus mit Pierre Anthons Weltdeutung

Hier werde ich den Charakter Pierre Anthons und dessen Handlungen sowie sein Denken unter philosophischen Gesichtspunkten betrachten. Pierre Anthon beabsichtigt mit seinem Verhalten u.a. auch die Klasse zum Nachdenken und zu einer kritischen Wahrnehmung ihrer Umwelt zu bewegen, denn sonst würde er seine persönliche Weltsicht für sich behalten und sie nicht permanent seinen Mitschülern mitteilen. Auch wenn sein Verhalten durchaus provozierend wirkt, ermöglicht es bei den anderen Schülern eine Auseinandersetzung mit Sinngebung bzw. Weltdeutung und leistet somit einen Beitrag zu ihrer persönlichen Erkenntnis. In der Philosophie ist Erkenntnis ein grundlegender Begriff. [30]

Die Existentialistische Philosophie Jean Paul Sartres versucht eine Antwort auf die Frage nach dem Sinn des Lebens, die auch der Jugendroman „Nichts" durch seinen Protagonisten Pierre Anthon aufwirft. Ähnlich wie Pierre Anthons Aussagen sind auch Sartres Thesen in seinem philosophischen Hauptwerk „Das Sein und das Nichts" für seine Umwelt radikal und radieren alles aus, „was seine Vorgänger in den Menschen hineinprojiziert hatten". [31] Daher werden im Folgenden Kernaussagen Sartres dargestellt, erläutert und mit Pierre Anthons Weltdeutung verglichen.

a) „Die Existenz geht der Essenz voraus."

Diese Kernaussage formuliert Sartre für die menschliche Existenz. Unter Essenz ist die Idee, das Wesen, der Sinn oder der Zweck zu verstehen, während unter „Existenz" die schlichte Anwesenheit, das Dasein in der Welt zu verstehen ist. Sartre meint also, dass der Mensch als erstes existiert, also da ist und erst in einem nächsten Schritt seinen Sinn schafft. Radikal an dieser These ist, dass Sartre sich mit dieser Kernaussage von vorangegangenen Philosophen abgrenzt, indem er Gott als Schöpfer des Menschen bzw. dessen Existenz überhaupt verneint. Für Sartre ist der Mensch nicht Geschöpf, sondern etwas „Werdendes,

---

[30] Vgl. Roschmann, A./Diekhans, J. (Hrsg.), EinFach Deutsch, Janne Teller Nichts. Was im Leben wichtig ist. Braunschweig, Paderborn, Darmstadt, Bildungshaus Schulbuchverlage, 2012, S. 83.
[31] Ebd., S. 114.

sich selbst Schaffendes".[32] Insofern geht beim Menschen im Unterschied zu Objekten die Existenz dem Wesen voraus.

Eine Entsprechung im Jugendroman findet sich in der Radikalität der Aussage „Nichts bedeutet irgendetwas, das weiß ich seit Langem." [33] Pierre Anthon richtet sich primär mit seiner Haltung gegen die von den Erwachsenen propagierte Sinndeutung des Lebens, die darin besteht, etwas zu werden. Gleichzeitig verneint er generell einen Sinn des Lebens und vertritt somit eine nihilistische Position wie sie bei Nietzsche anzutreffen ist. Inhaltlich sind seine Äußerungen nicht mit denen von Sartre gleichzusetzen, da Sartre nicht grundsätzlich den Sinn des Lebens negiert, sondern sagt, dass der Mensch sich, sein Wesen, seinen Sinn eigenständig schaffen müsse. Demzufolge „ist das menschliche Leben ein Produkt des jeweiligen Individuums". [34]

Im philosophischen Werk Sartres spielt die Freiheit als Grundbestimmung des Menschen eine zentrale Rolle.

b)   „Der Mensch ist dazu verdammt, frei zu sein."

Diese Grundbestimmung des Menschen nach Sartre unterstreicht die erste Aussage. Lediglich das Dasein ist dem Menschen vorgegeben, was ihn am Ende ausmacht, muss er selbst erfinden. Auffallend an der Formulierung ist die negative Konnotation des Begriffes Freiheit, wenn Sartre davon spricht, dass der Mensch dazu „verdammt" sei frei zu sein. Gemeint ist damit, „dass er in eine gottlose, werte- und moralfreie Welt geworfen ist und durch seine Wahl seine Werte selbst erfinden muss und insofern voll und ganz verantwortlich ist (sowohl für sich, als auch für alle Menschen)." [35] Sartre bezieht sich mit diesem Satz in erster Linie auf die Entscheidungsfreiheit des Menschen und macht deutlich, „dass diese Freiheit gleichzeitig eine Bürde ist, weil der Mensch nicht nur frei sein darf und frei sein kann, sondern auch frei sein muss, weil er sich entscheiden muss und die Entscheidung für sein Handeln an niemand anderen (einen anderen Menschen oder Gott) abschieben kann." [36]

Pierre Anthon ist als (literarische) Figur ein Paradebeispiel für die Freiheit des Menschen. Er macht vielfältig von der Freiheit Gebrauch, indem er sämtliche Pflichten (wie z.B. den Schulbesuch) ablehnt. Er tut bzw. lässt, was er will und hält sich auch auf, wo er will. Ebenso äußert er seine Meinung frei und lässt sich in seinem Denken nicht einschränken. Insofern ist er im Sinne Sartres ein freier Mensch, da er für seine Entscheidung, die Schule zu verlassen und auf einem Pflaumenbaum zu sitzen, die alleinige Verantwortung trägt. Im realen Leben könnte ein Jugendlicher in diesem Alter diese Entscheidung jedoch nicht eigenverantwortlich   fällen,   da   die   allgemeine   Schulpflicht   dieser

---

[32] Der Existentialismus als Humanismus – muenster.de/ URL:http:// www.muenster.de/-laus/texts/ha/sartre.pdf, S. 5.
[33] J. Teller, a.a.O., S. 7.
[34] Praktische Philosophie. Sartre zum Sinn des Lebens. URL:http://www.luk-korbmacher.de/Schule/PP/lebenssinn2e.htm (vom 8.11.2015) S. 1.
[35] Der Existentialismus als Humanismus – muenster.de / URL:http://www.muenster.de/-laus/text/ha/sartre.pdf. S6.
[36] Praktische Philosophe. Sartre zum Sinn des Lebens. URL:http://www.luk-korbmacher.de/Schule/PP/lebenssinne2e.htm (vom 8.11.2015) S. 4.

Entscheidungsfreiheit entgegensteht und somit auch durch staatliche Vertreter eingefordert würde. Gerade diese literarische Freiheit ermöglicht es aber dem Leser, das vorgegebene Wertesystems „aus uns / mir soll etwas / jemand werden" kritisch zu hinterfragen. Pierre Anthon ist nach Sartre frei, da er sich seine eigenen Werte bildet und diese Richtschnur (Wertekanon) für das eigene Handeln und Leben von keinem anderen vorgeben lässt. Dies wird in zahlreichen seiner Äußerungen deutlich:

„*Das Leben ist der Mühe überhaupt nicht wert.*" *(S.17)* „*In wenigen Jahren seid ihr alle tot und vergessen und nichts, also könnt ihr genauso gut sofort damit anfangen, euch darin zu üben.*" *(S. 12)* „*Falls ihr achtzig werdet, habt ihr dreißig Lebensjahre verschlafen, habt ihr neun Jahre die Schule besucht und Hausaufgaben gemacht und knapp vierzehn Jahre lang gearbeitet.*" *(S. 21)* „*Und du wirst feststellen, dass der Ruhm und die große Welt außerhalb von dir sind, das aber innen nichts ist und dass es auch so bleiben wird, egal was du tust.*" *(S: 23)*[37]

In diesen Zitaten wird deutlich, dass Pierre Anthon insbesondere eine kritische Haltung gegenüber Ruhm und Erfolg als sinnstiftendes Lebenskonzept einnimmt. Diese gesellschaftlichen Vorgaben lehnt er ab und grenzt sich durch sein Handeln von ihnen ab.

c) „Die Hölle, das sind die anderen."

Auch Sartre leugnet eben diese äußeren Zwänge aufgrund gesellschaftlicher (oder göttlicher) Vorgaben. Nach ihm sind dies lediglich Möglichkeiten, Ideen, die dem Menschen die Verantwortung für das, was er tut, vermeintlich abnehmen. Die Erwartungen, die durch Mitmenschen an uns gerichtet werden, bestimmen unser Handeln und wir versuchen ihnen gerecht zu werden oder weichen der Verantwortung für unser eigenes Tun aus Bequemlichkeit aus.[38]

d) Ich kann immer wählen, aber was nicht möglich ist, ist, nicht zu wählen.[39]

Hier schließt sich der Kreis zu der ersten angeführten Aussage „Die Existenz geht der Essenz voraus." Das Leben als solches hat vorab keinen Sin, sondern jeder von uns ist gefordert seinem Leben einen spezifischen Sinn zu geben. Der Mensch definiert sich über seine Taten, d.h. alles, was ihn ausmacht, entsteht erst durch sein Handeln. [40] Allerdings ist der Mensch in seiner Wahl auf sich selbst beschränkt. Er kann sich auf nichts außerhalb seiner selbst verlassen.

Pierre Anthon trifft diese Wahl und verlässt sich dabei auf sich selbst. Gleichzeitig postuliert er seine Wahl als für alle gültig, wenn er seine Klassenkameraden immer wieder mit seinem nihilistischen Gedankengut konfrontiert. Es scheint so, als wolle er sie von seinem Wert der Freiheit (Entscheidungsfreiheit, Handlungsfreiheit, Gedankenfreiheit) und seinem Bild vom Menschen - der Sinnlosigkeit des menschlichen Daseins - überzeugen.

---

[37] J. Teller, a.a.O.
[38] Vgl. Praktische Philosophie. Sartre zum Sinn des Lebens. URL: http://www.luk-korbmacher.de/Schule/PP/lebenssinn.2e.htm (8.11.2015) S. 1.
[39] Vgl. ebd. S. 4.
[40] Vgl. Roschmann, A./ Diejkhans, J. (Hrsg.), a.a.O., S. 97.

Im Sinne Sartres ist die Rolle des Philosophen die des Aufklärers. Damit meint er, dass es die Aufgabe des Philosophen sei, „seinem Mitmenschen die Tatsache bewusst zu machen, dass er selbst für das verantwortlich ist, was er ist, dass er sich also über seine Taten definiert".[41]

Inwieweit Pierre Anthon diesem Anspruch gerecht wird, soll in meinem Fazit geklärt werden. Darüber hinaus sollen hier weitere in der Facharbeit aufgeworfene Fragestellungen beantwortet sowie ein persönliches Fazit formuliert werden.

Fazit

In einem ersten Schritt möchte ich in folgende in der Facharbeit aufgeworfene Fragestellungen beantworten.

a) Inwieweit leistet der Protagonist des Jugendromans „Nichts. Was im Leben wichtig ist" von Janne Teller für jugendliche Leser eine Hilfe zur Bewältigung der momentanen Lebenssituation und eignet sich für diese als mögliche Identifikationsfigur?

Eng verknüpft mit dieser Fragestellung ist die folgende, sodass die beiden zusammengefasst beantwortet werden sollen, um inhaltliche Doppelungen zu vermeiden.

b) Inwieweit regt Pierre Anthon durch sein Handeln und Denken jugendliche Leser zu einer kritischen Auseinandersetzung mit vorgegebenen Weltdeutungen an, um ihren eigenen Standpunkt für die eigene Lebensführung und Weltsicht zu erlangen?

Die kontroverse Diskussion, die der Jugendroman nach seinem Erscheinen ausgelöst hat, zielte insbesondere auf die Fragestellung ab, ob dieses Thema (Sinnsuche) in seiner inhaltlichen Umsetzung (Gewaltdarstellung) Jugendlichen zumutbar sei. Daran wird deutlich, dass es sowohl pädagogische als auch moralische Vorbehalte gegen das literarische Werk gegeben hat und geben könnte.

Inhaltlich ging es in der Argumentation gegen das Buch darum, dass Jugendliche, die sich noch in ihrer Entwicklung befänden, in keinem der literarischen Jugendlichen ein Vorbild entdecken könnten. Interessanterweise werden in diesem Zusammenhang jedoch insbesondere die nach Sinn suchenden Jugendlichen, die den Berg der Bedeutung als Beweis anhäufen, in ihrem Verhalten (Gruppendynamik, Verlust von Werten und Moral, Auslebung von Rachegefühlen und Gewalttaten) äußerst kritisch beurteilt. [42] Die Kritik an Pierre Anthons Person richtet sich gegen die Gefahr, die von seinem Denken ausgeht. Befürchtet wird, dass der jugendliche Leser – ähnlich wie die Mitschüler – Zweifel am Sinn des Lebens bekommen könnten und ggf. diesen in letzter Konsequenz auch negieren könnte. Die Folge wäre für das Bestehen einer Gesellschaft fatal,

---

[41] Ebd.
[42] Vgl. ebd., S. 122.

wenn alle oder auch nur einige in der Art und Weise wie Pierre Anthon aussteigen würden.

In meinen Augen ist gerade in der Kritik an Pierre Anthons Denken aber auch die Chance gegeben, durch seinen Gegenentwurf zur gängigen Weltdeutung (was zählt im Leben?) Jugendliche zu einer kritischen Auseinandersetzung anzuregen. Nur das Aufzeigen von Alternativen verlangt eine eigene Position. Insofern regt Pierre Anthon aus meiner Sicht jugendliche Leser zu einer kritischen Auseinandersetzung mit vorgegebenen Weltdeutungen an und ermöglicht ihnen so einen eigenen reflektierten Standpunkt.

Darüber hinaus denke ich, dass er sich in dem Sinne zur Identifikationsfigur eignet, da er deutlich macht, dass Zweifel an und ggf. die komplette Ablehnung der Werte der Erwachsenen typisch für das Jugendalter sind. Jugendliche Leser, die gerade in dieser „Lebenssituation" sind, können in Pierre Anthon einen „Verbündeten" sehen. Oder sie identifizieren sich sogar mit ihm und seinem Denken. So können sich Jugendliche auch durch das Medium Buch verstanden fühlen. Erst eine langfristige Identifikation mit seinem Denken wäre für eine Gesellschaft problematisch.

Im Folgenden werde ich auf die im Titel der Facharbeit aufgeworfenen Fragestellungen eingehen:

c) Inwiefern handelt es sich bei Pierre Anthon um einen freien Menschen und philosophischen Aufklärer im Sinne Sartres?

Unter Punkt 4 b) (S.11) habe ich bereits ausgeführt, inwiefern es sich bei Pierre Anthon um einen freien Menschen im Sinne Sartres handelt. Hier ist meiner Meinung nach hinreichend deutlich geworden, dass Pierre Anthon einen eigenen Lebensentwurf entwickelt und für sich definiert und diesen auch durch seine Taten konsequent umsetzt. Offen ist für mich bezogen auf Pierre Anthon die Frage, „was würde geschehen, wenn wirklich alle Welt ebenso handeln würde. [...] Bin ich wirklich der, welcher das Recht hat, auf solche Weise zu handeln, dass die Menschheit sich meine Taten zur Regel nimmt?" [43] Diese Frage ist für mich eng mit der Frage verknüpft, inwieweit Pierre Anthon dem Anspruch gerecht wird, seinen Mitmenschen bewusst zu machen, dass sie selbst für das verantwortlich sind, was sie sind. Oder anders ausgedrückt:

d) Handelt es sich bei seinen provokativen Äußerungen um philosophische Aufklärung im Sinne Sartres?

Im gesamten Werk Sartres trifft die Freiheit als Grundbestimmung des Menschen auf. [44] „Für den existentialistischen Philosophen erwächst hieraus eine ehrgeizige Aufgabe: [...] Sartre definiert den Philosophen „als Aufklärer. Er soll die anderen

---

[43] Praktische Philosophie. Sartre zum Sinn des Lebens. URL:http://www.luk-korbmacher.de/Schule/PP/lebenssinn2e.htm. (.11.2015) S. 2.
[44] Der Existentialismus als Humanismus –muenster.de. URL:http:// www.muenster.de/-laus/texts/ha/sartre.pdf. S. 7.

dazu anhalten, ihre Freiheit zu leben und sich dadurch als Menschen zu verwirklichen."[45]

Die Beantwortung dieser miteinander vernetzten Fragen ist schwierig. Bezogen auf die erste Frage, was geschehen würde, wenn die Menschheit Pierre Anthons Taten zur Regel nehmen würde, ist zu sagen, dass dies sehr wahrscheinlich das Ende der Gesellschaft bedeuten würde. Ich meine damit die Umsetzung seines Nicht-Handelns. Er bildet sich nicht weiter, er tut nichts, um Geld zu verdienen, noch werden ehrenamtliche Tätigkeiten deutlich, die für eine Gesellschaft von Interesse seien könnten wie z.B. die Erziehung, Pflege etc.. Würden alle oder viele so handeln bzw. nicht handeln, könnte eine Gesellschaft nicht funktionieren, da jedes einzelne Mitglied in irgendeiner Form seinen Beitrag für die Solidargemeinschaft zu leisten hat, sofern ihr / ihm dies möglich ist. Insofern ist die Frage berechtigt, ob Pierre Anthon das Recht hat, auf diese Weise zu handeln.

Als freier Mensch im Sinne Sartres hat er das Recht, im Sinne einer sozialen Verantwortung hat er dieses Recht nicht, da sein Handeln nicht geeignet ist zum Regelfall zu werden.

Zudem sagt Sartre, dass alles, was den Menschen ausmacht, erst durch seine Tat, sein Handeln entsteht. „Der Mensch ist das, was er vollbringt" oder „Es gibt Wirklichkeit nur in der Tat." [46]

Streng genommen handelt Pierre Anthon nicht. „Eine ‚Entschuldigung' für Menschen, die im Nichts herumträumen, gibt es nicht. Denn sie fliehen nur vor sich selbst und ihrer Verantwortung." [47] Seine Taten sind der Ausstieg aus der schulischen Pflicht sowie die Provokation seiner Mitschüler. Damit setzt er seinen Akt des Verneinens als sinnvoll. Also ist Pierre Anthon auch in diesem Punkt ein freier Mensch nach Sartre und vertritt eine sowohl existentialistische als auch nihilistische Position. Pierre Anthon gibt sich einen eigenen Sinn seines Daseins. Allerdings ist diese Sinnsetzung gleichzeitig darauf angewiesen, dass sie von den anderen als solche wahrgenommen wird, um aufklärend zu wirken.

Betrachtet man das offene Ende des Romans, so scheint der jugendliche Versuch der Mitschüler, den Sinn selbst zu machen und zu beweisen, gescheitert zu sein. Pierre Anthon ist es zwar gelungen, sie zu motivieren, den eigenen Sinn zu machen, aber diese Suche endet damit, dass die „Bedeutung oder ihr Sinn" in Flammen aufgeht[48]. Man könnte auch sagen, der Existentialismus geht in Flammen auf.[49] So betrachtet, ist Pierre Anthon kein philosophischer Aufklärer im Sinne Sartres.

Darüber hinaus ist für mich fraglich, inwieweit Pierre Anthon seine Mitschüler überhaupt ebenfalls als freie Menschen anerkennt. Ständig missachtet er ihre Versuche der Sinnsuche. Dieser fehlende Respekt hat für ihn tödliche

---

[45] Roschmann, A./ Diekhans, J. (Hrsg.), a.a.O., S. 114.

[46] Ebd.

[47] Ebd.

[48] Vgl. J. Teller,. a.a.O., S. 136.

[49]Vgl. N. Brieden: Janne Tellers Roman „Nichts". Theologische und religionspädagogische Perspektiven. URL:http://www.religion-im-kinderbuch.de/file. admin/...zu _Janne_Teller_nichts.pdf.. S. 10.

Konsequenzen. In diesem für ihn tragischen Ende wird deutlich, dass sein Handeln, seine Taten für die Mitschüler keine Option waren, sie zur eigenen Regel werden zu lassen. Im Gegenteil sogar, seine Weltdeutung verunsichert sie so stark, dass sie aus Furcht davor, dass er recht haben könnte, Gewalt ausüben und diese als sinnvoll empfinden.

„Wenn ich jetzt darauf zurückblicke, muss es sehr schlimm gewesen sein. Aber so habe ich es nicht in Erinnerung. Mehr, dass es chaotisch war. Und gut. Es war sinnvoll, Pierre Anthon zu schlagen. Sinnvoll ihn zu treten. Das hatte Bedeutung, selbst als er am Boden lag und sich nicht mehr wehren konnte und es irgendwann auch nicht mehr versuchte."[50]

Insofern wird Pierre Anthon dem Anspruch Sartres an einen Philosophen als Aufklärer nicht gerecht.

Abschließend setze ich mich kritisch mit Pierre Anthons Weltsicht und Sartres Freiheitsbegriff auseinander.

Ich teile weder Pierre Anthons nihilistische Position, dass das Leben keinen Sinn habe, noch seine existentialistische Position, dass seine konsequente Verneinung jeglicher Bedeutung sinnvoll sei. Gleichzeitig ist für mich nicht nachvollziehbar, warum sich seine Mitschüler durch seine Anfragen so provozieren lassen und sich letztendlich seiner Kritik unterwerfen.

Die Schüler der Klasse 7A suchen nach dem absoluten Lebenssinn und der absoluten Wahrheit. Ich denke, die Beantwortung der Frage, was im Leben wichtig ist, kann zunächst nur individuell erfolgen.

Für mich hat das Leben ganz klar einen Sinn, der sich in den unterschiedlichsten Dingen zeigt. Auch Erfolg zu haben gehört für mich dazu. Dabei meine ich weniger den Ruhm, den dieser möglicherweise mit sich bringt, als das Gefühl der Bestätigung. So fühle ich mich und meine Leistung durch andere wahrgenommen und wertgeschätzt. Freundschaft, Familie und Liebe sind ebenfalls Punkte, die meinem Leben einen Sinn geben. Hier meine ich insbesondere die Erfahrungen von Angenommen-Sein so wie ich bin. Gleichzeitig gilt dies aber auch für meine Freunde, meine Eltern und Geschwister und meinen Freund. Ich möchte sie so annehmen, wie sie sind. Das gelingt nicht immer, aber gerade das Bemühen darum, ist sinnvoll wie ich meine. Die Freude am Leben ist ebenfalls sinnvoll. Es gibt so viele Momente in meinem Leben, an die ich mich gerne erinnere und die für mich persönlich ihren Sinn haben, weil sie mich zu der Person gemacht haben, die ich bin. Das gilt sogar auch für die traurigen Zeiten. Emotionen wie Liebe und Trauer lassen mich spüren, was mir wichtig ist. Werte wie Nächstenliebe, Freiheit und Verantwortung sind sinnvoll. Die aktuellen politischen Ereignisse in Frankreich machen deutlich, dass wir uns für sie entscheiden und sie verteidigen sollten. Diese genannten Werte haben für mich sogar einen universellen Sinn, der über den individuellen hinausgeht. Freiheit sollte für alle Menschen gelten, so wie es in den Menschenrechten formuliert ist.

Sartres Freiheitsbegriff teile ich demzufolge nicht. Er definiert den Menschen als frei von Gott, Werten und Moral. Erst durch seine Wahl erfinde der Mensch seine

---

[50] J. Teller,. a.a.O., S. 134.

Werte selbst und müsse sie insofern voll und ganz verantworten. Ich persönlich glaube an Gott und verstehe Freiheit insofern als sein Geschenk an den Menschen. Wir haben die Wahl uns für das Gute oder für das Böse zu entscheiden. Gut meint in diesem Zusammenhang die Entscheidung für die göttlichen Gebote, die den Sinn haben Leben zu erhalten. Wir sind frei und tragen die Verantwortung für uns, aber insbesondere auch für unsere Mitmenschen (und weitere Lebewesen) und ihr Wohlergeben. Dies ist eine unterschiedliche Auffassung zu Sartres Meinung, wovon der Mensch frei ist.

Gleichzeitig wird in diesen Aussagen ein weiterer Unterschied zwischen Sartres und meinem Verständnis von Freiheit deutlich, nämlich wozu der Mensch frei ist. Laut Sartre ist dies die Bürde der menschlichen Freiheit (vgl. 4a+b, S. 10f.). Der Mensch muss sich entscheiden und kann diese Entscheidungen an niemand Anderen abgeben, um seinen Sinn zu schaffen. Sartre berücksichtigt in diesem Punkt meines Erachtens nicht die Möglichkeit, dass es durchaus sein kann, dass Menschen durch unterschiedliche Beeinträchtigungen bzw. Behinderungen diese Wahl gerade nicht treffen können. Liegen diese Ursachen in gesellschaftlichen Rahmenbedingungen haben Menschen nach Sartre immer die Möglichkeit sich gegen diese zu entscheiden und wären somit nach seinem Verständnis frei. Was aber ist, wenn die Behinderungen die geistige Entwicklung beeinträchtigen und eine Wahl im Sinne Sartres für diese Menschen nicht möglich ist? Sind sie dann nicht frei? Da ich persönlich Freiheit als Geschenk Gottes empfinde, ist jedem Menschen – unabhängig von seinen geistigen Fähigkeiten oder seines sozialen und gesellschaftlichen Lebens das Freisein zugesagt. Freiheit kann jedoch nur in der gegenseitigen unvoreingenommenen Wertschätzung existieren. Aus dieser Überzeugung engagieren sich viele Menschen gerade für die Menschenwürde und die Menschenrechte eines jeden Menschen. Die Zusage der Freiheit verlangt Handeln, um die „Unfreiheit der Welt"[51] zu verändern.

Weder Pierre Anthons Weltdeutung noch Sartres Existentialismus und hier insbesondere sein Freiheitsverständnis des Menschen geben in meinen Augen überzeugende Antworten auf die Frage nach dem Sinn des Lebens, noch nach dessen Gestaltung in sozialer Verantwortung.

---

[51] Vgl. W. Krötke. „Das christliche Verständnis der Freiheit." URL:http://wolf-kroetke.de/vortraege/nsicht/eintrag/71html. . S. 11.

Literaturverzeichnis

Bücher

- Fürst, Helbig, Schmitt, Kinder- und Jugendliteratur. Theorie und Praxis, Troisdorf, Bildungsverlag EINS, 2008.
- Roschmann, A. / Diekhans, J.(Hrsg.), EinFach Deutsch, Janne Teller Nichts. Was im Leben wichtig ist, Braunschweig, Paderborn, Darmstadt, Bildungshaus Schulbuchverlage, 2012.
- Teller, J., Nichts. Was im Leben wichtig ist 2000), München, Carl Hanser Verlag, 2010.

Internetquellen

- N. Brieden, Janne Tellers Roman „Nichts". Theologische und religionspädagogische Perspektiven. URL: http://www.religion-im-kinderbuch.de/ fileadmin/...zu_Janne-Teller_Nichts.pdf.
- W. Krötke Online, Das christliche Verständnis der Freiheit. URL:http://wolf-kroetke.de/vortraege/ansicht/eintrag/71html.
- W. Stangl, Die kognitive Entwicklung. URL:http://arbeitsblaetter.stangl-taller.atKOGNITIVEENTWICKLUNG/PiagetmodellStufen.sht.
- W. Stangl, Die moralische Entwicklung von Jugendlichen. URL:http://stangl.eu/psychologie/entwicklung/Moralische-Entwicklung.shtml.
- Ohne Angabe des Verfassers: Entwicklungsaufgaben nach Havighurst. Unterrichtshilfe zur Pädagogik. URL:http://www.bommi2000.de
- Referat „Moralische Entwicklung" (Vertiefung in Entwicklungspsychologie) WS 2010/11. URL:http://www.psy.lmu.de/epp.studium_lehre/lehrmaterialienSS10.
- Nominierung Jugendbuch Deutscher Jugendliteraturpreis 2011. URL:http://www.djlp.jugendliteratur.org/2011/preis_der_jugendjury-5/artikel-nichts-113.
- Ohne Angabe des Verfassers: Der Existentialismus als Humanismus muenster.de URL:http://www.muenster.de/-laus/texts/ha/sartre.pdf.
- Ohne Angabe des Verfassers: Praktische Philosophie. Sartre zum Sinn des Lebens. URL:http://www.luk-korbmacher.de/Schule/PP/lebenssinn2e.htm.